Ab 10 Jahren

Jürgen Tille-Koch

Feste feiern in der Schule

Singen & spielen in Klasse und Chor

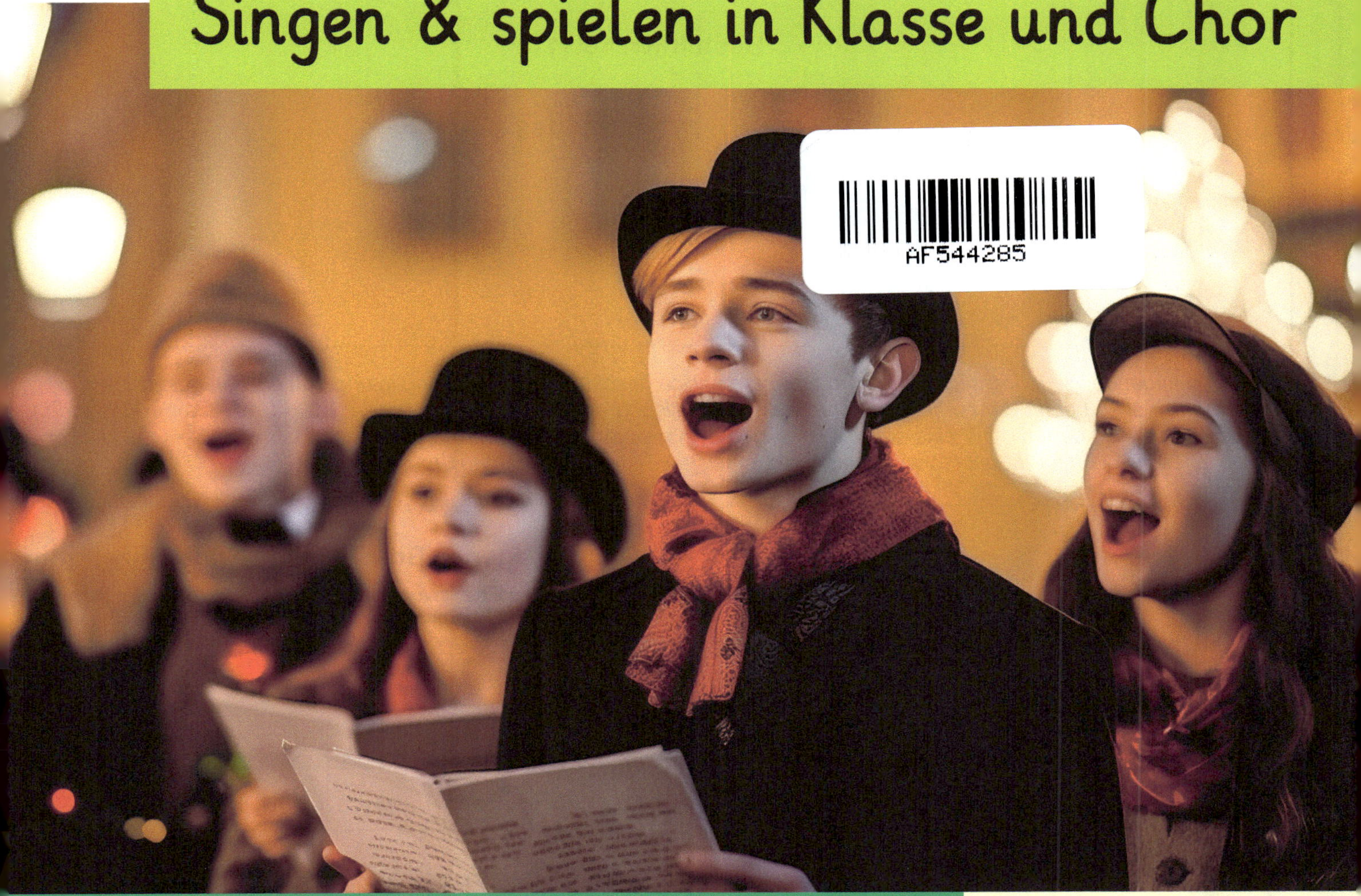

- Zeitgemäße Songs
- Klassen- und Chorsingen
- Klassenmusizieren
- Abschied, Projekte & Weihnachten

www.kohlverlag.de

Feste feiern in der Schule

Singen & Spielen in Klasse und Chor

1. Auflage 2024

Inhalt: Jürgen Tille-Koch
Coverbild: © Keitma - AdobeStock.com
Redaktion: Kohl-Verlag
Grafik & Satz: Kohl-Verlag
Druck: Elanders Druck, Waiblingen

Bestell-Nr. 16 111

ISBN: 978-3-98841-168-6

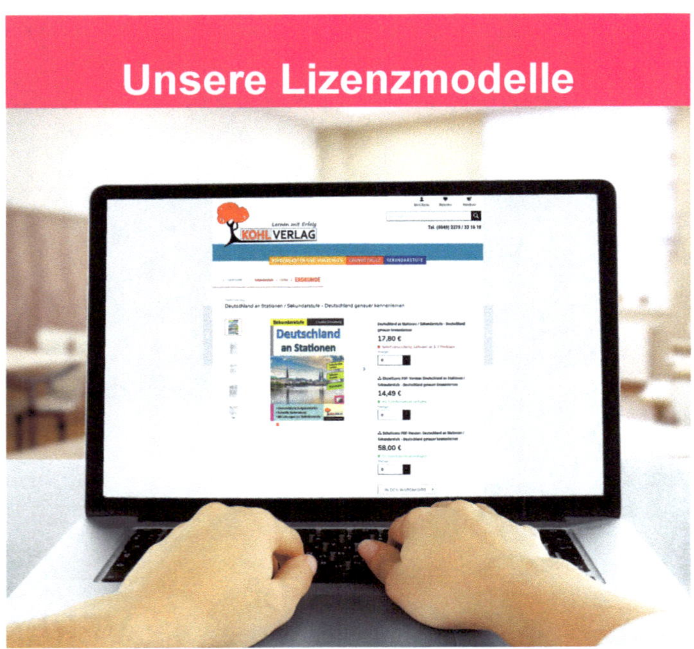

Der vorliegende Band ist eine Print-Einzellizenz

Sie wollen unsere Kopiervorlagen auch digital nutzen? Kein Problem – fast das gesamte KOHL-Sortiment ist auch sofort als PDF-Download erhältlich! Wir haben verschiedene Lizenzmodelle zur Auswahl:

	Print-Version	PDF-Einzellizenz	PDF-Schullizenz	Kombipaket Print & PDF-Einzellizenz	Kombipaket Print & PDF-Schullizenz
Unbefristete Nutzung der Materialien	x	x	x	x	x
Vervielfältigung, Weitergabe und Einsatz der Materialien im eigenen Unterricht	x	x	x	x	x
Nutzung der Materialien durch alle Lehrkräfte des Kollegiums an der lizensierten Schule			x		x
Einstellen des Materials im Intranet oder Schulserver der Institution			x		x

Die erweiterten Lizenzmodelle zu diesem Titel sind jederzeit im Online-Shop unter www.kohlverlag.de erhältlich.

Inhalt

*Zum Liedtext „Vois Sur Ton Chemin“ (Buchseite 25 ist ein Grammatikband für den Französischunterricht im Kohl-Verlag erhältlich *(Best.-Nr. 16112)*.

Folgende Zusatzmaterialien zu diesem Titel sind im Online-Shop erhältlich:

1 **Besondere Gelegenheiten**
Zum Song *„Schade, dass du gehst“* ➔ Voll- und Playbackversion

2 **Projekte**
Zum Song *„Es gibt keinen PLANeten B!“* ➔ Voll- & Playbackversion

Alle in diesem Band verwendeten Notationen sind in den Zusatzmaterialen enthalten.

Unter der Rubrik „Materialdownload“ auf der Startseite befindet sich ein direkter Link zum Download des Zusatzmaterials zu diesem Band.
Geben Sie beim Download-Vorgang bitte diesen Code ein: **FK7AR82B**

1 Besondere Gelegenheiten

1.1 Schade, dass du gehst

➔ zu *„Schade, dass du gehst“*

Der Berliner Musiker, Musiklehrer und Autor Meinhard Ansohn hat zahlreiche Lieder- und Chorbücher für Kinder veröffentlicht. „Schade, dass du gehst“ aus dem Jahr 2000 ist in dem Liederheft „Ein Haus für Kinder“ erschienen.

➔ zur Umsetzung

Arrangement *(S. 5 - 7)*

Im Arrangement sind die zu realisierenden Stimmen zusammengefasst und für die Lehrperson als Vorlage gedacht.

Melodie *(S. 8)*

Die Notation ist die Vorlage für den Klassen-, Chor- und/oder Solo-Gesang. Sie kann auch zur Playback-Version gesungen werden.

Begleitung *(S. 9)*

Die zweistimmige Begleitung der Stabspiele und/oder Tasteninstrumente kann auf eine Stimme reduziert werden. Sie ergänzt die harmonischen Grundtöne der Bassstimme.

Bass / Boomwhacker *(S. 10)*

Als Hilfe sind die Notennamen der in Bassnoten notierten Stimme angegeben.
Die Farbsymbole beziehen sich auf einen Einsatz der Boomwhacker, die optional berücksichtigt werden können.

Text *(S. 11/12)*

Der Liedtext wird zur Melodie-Vorlage S. 8 gesungen.

Bei einer Live-Präsentation oder Umsetzung zur Playbackvorlage wird der Text der Rap-Strophen auf die individuelle Situation zugeschnitten. Ein eigener Text begleitet dabei die Person oder Personen, die verabschiedet werden.

➔ Arrangement

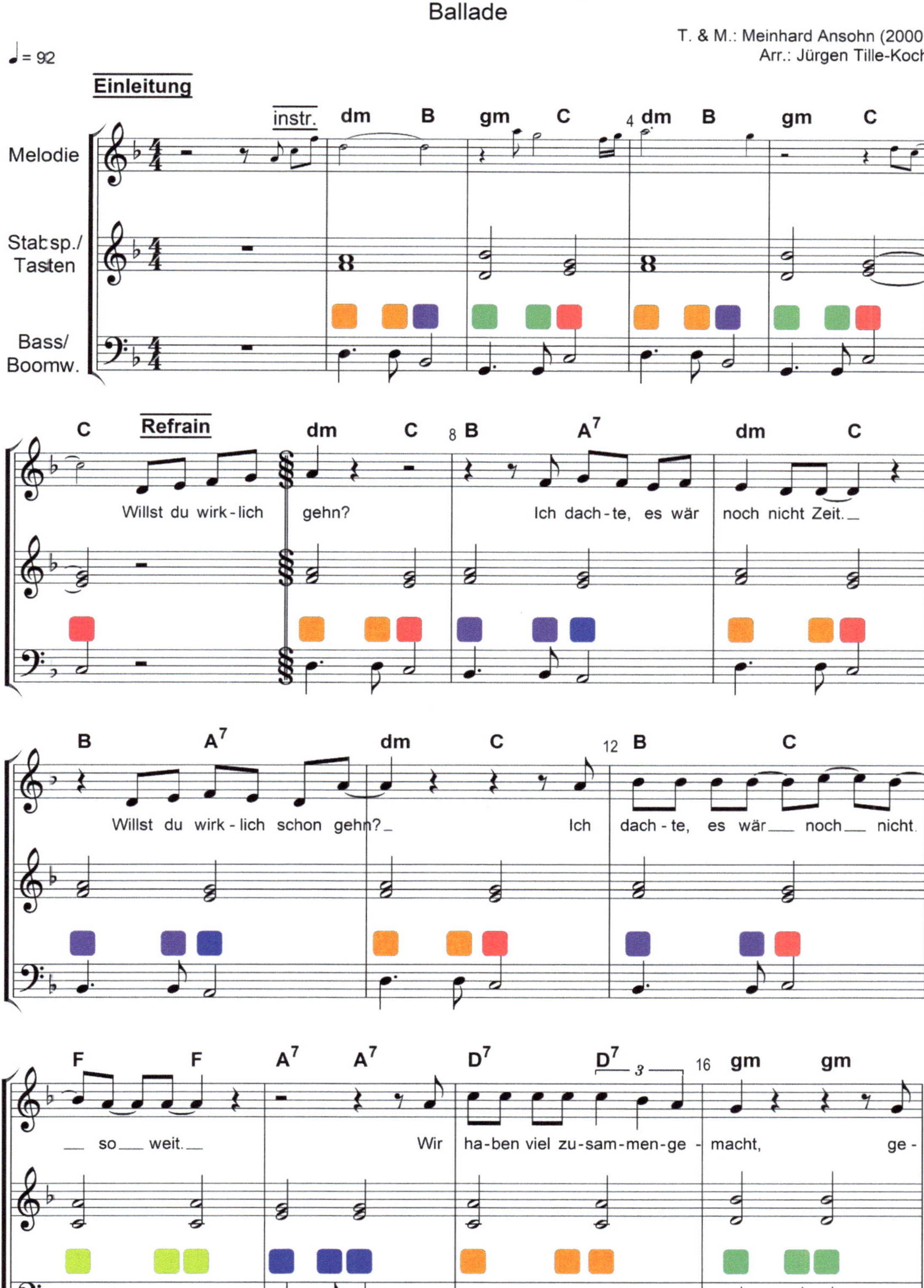

FESTE FEIERN IN DER SCHULE – Bestell-Nr. 16 111
Singen & spielen in Klasse und Chor
KOHL VERLAG

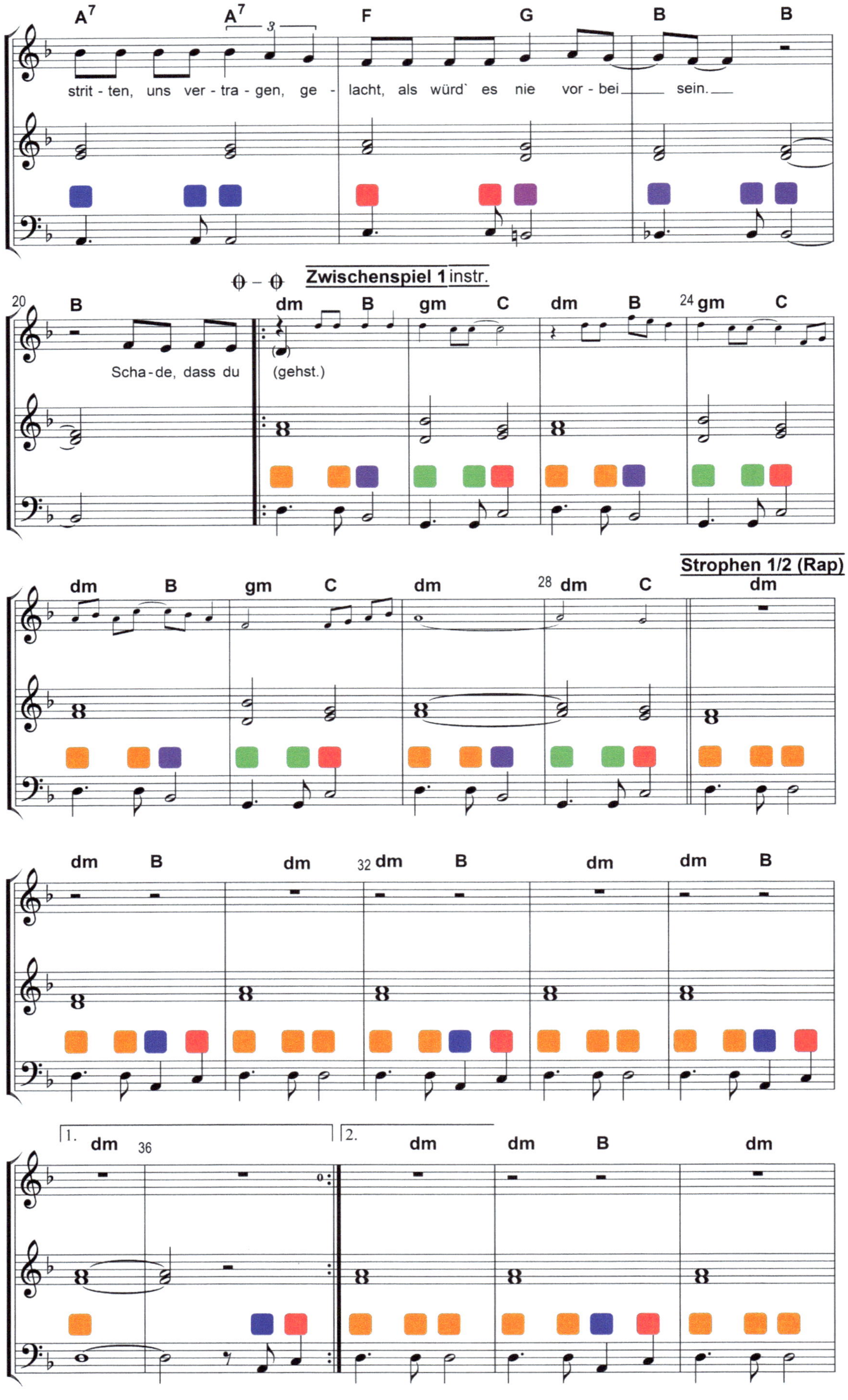

1 Besondere Gelegenheiten

A7 A7 F G B B

strit - ten, uns ver - tra - gen, ge - lacht, als würd` es nie vor - bei___ sein.___

20 B

Scha - de, dass du

𝄌 – 𝄌 **Zwischenspiel 1** instr.

dm B gm C dm B 24 gm C

(gehst.)

dm B gm C dm 28 dm C

Strophen 1/2 (Rap)

dm

dm B dm 32 dm B dm dm B

1. dm 36

2. dm dm B dm

Zwischenspiel 2 instr.

40 dm B dm dm B 44 gm C dm B

gm C dm B 48 gm C dm B gm C

C 52 𝄌 dm B gm C dm B gm C

gehst. Scha-de, dass du

rit.

56 dm B gm C dm B gm C 60 dm dm

gehst. Scha-de, dass du gehst.

FESTE FEIERN IN DER SCHULE
Singen & spielen in Klasse und Chor – Bestell-Nr. 16 111
Lernen mit Erfolg KOHL VERLAG

➔ Melodie

Schade, dass du gehst
Ballade
Melodie
T. & M.: Meinhard Ansohn (2000)
Arr.: Jürgen Tille-Koch
♩ = 92
Einleitung
instr.
dm B gm C dm B gm C C
Refrain
dm C
Willst du wirk-lich gehn?
B A7 dm C B A7 dm C
Ich dach-te, es wär noch nicht Zeit. Willst du wirk-lich schon gehn? Ich
B C F F A7 A7 D7 D7
dach-te, es wär noch nicht so weit. Wir ha-ben viel zu-sam-men-ge-
gm gm A7 A7 F G
macht, ge - strit - ten, uns ver - tra - gen, ge - lacht, als würd` es nie vor - bei
B B B
sein. Scha - de, dass du (gehst.)
Zwischenspiel 1 instr.
dm B gm C dm B
gm C dm B gm C dm dm C
Strophen 1/2 (Rap)
dm dm B dm
dm B dm dm B 1. dm 2. dm dm B dm dm B
dm
Zwischenspiel 2 instr.
dm B gm C dm B gm C dm B gm C
dm B gm C C
dm B gm C dm B gm C
gehst. Scha - de, dass du
rit.
dm B gm C dm B gm C dm dm
gehst. Scha - de, dass du gehst.

➔ Begleitung

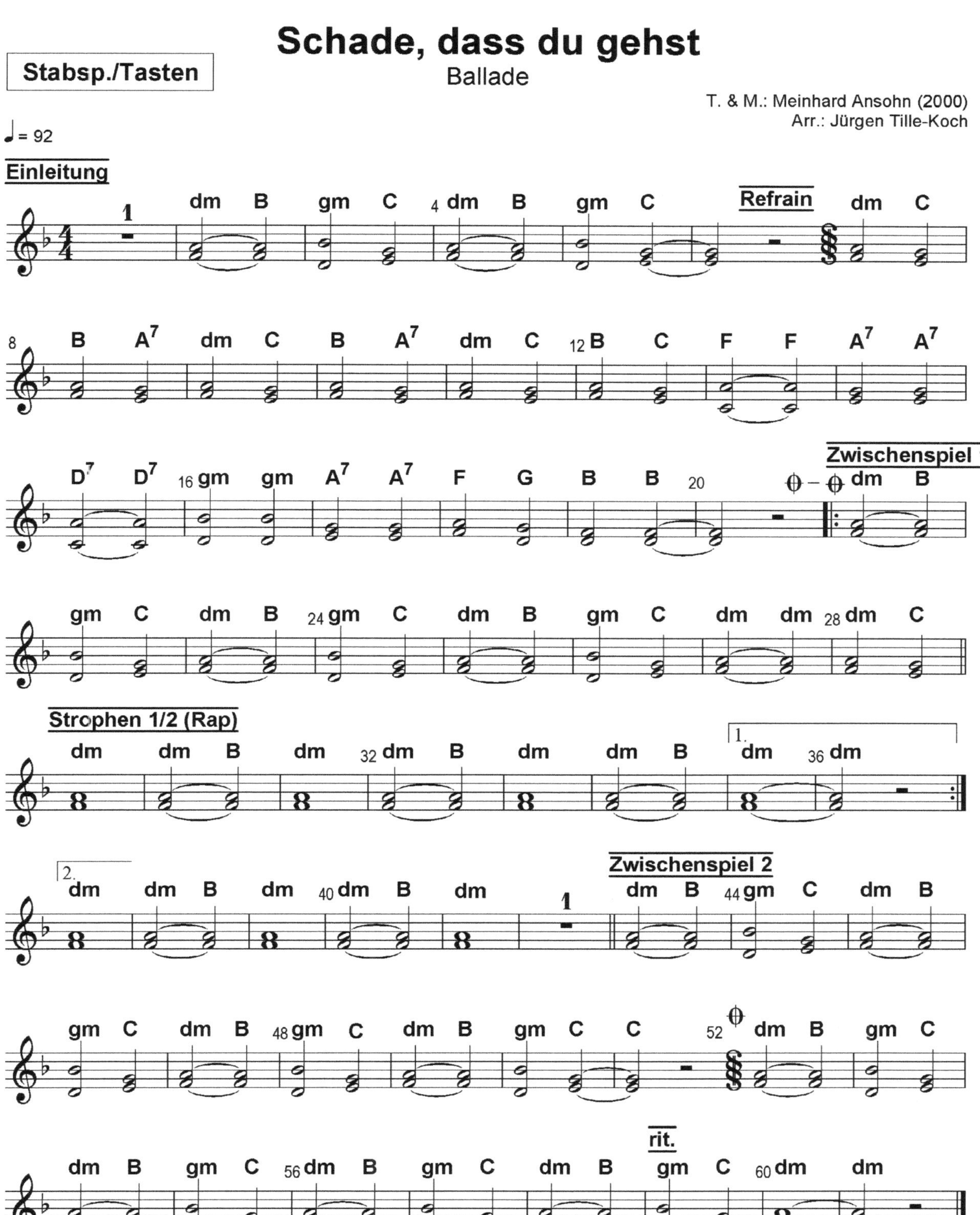

FESTE FEIERN IN DER SCHULE – Singen & spielen in Klasse und Chor – Bestell-Nr. 16 111
KOHL VERLAG

➔ Bass / Boomwhacker

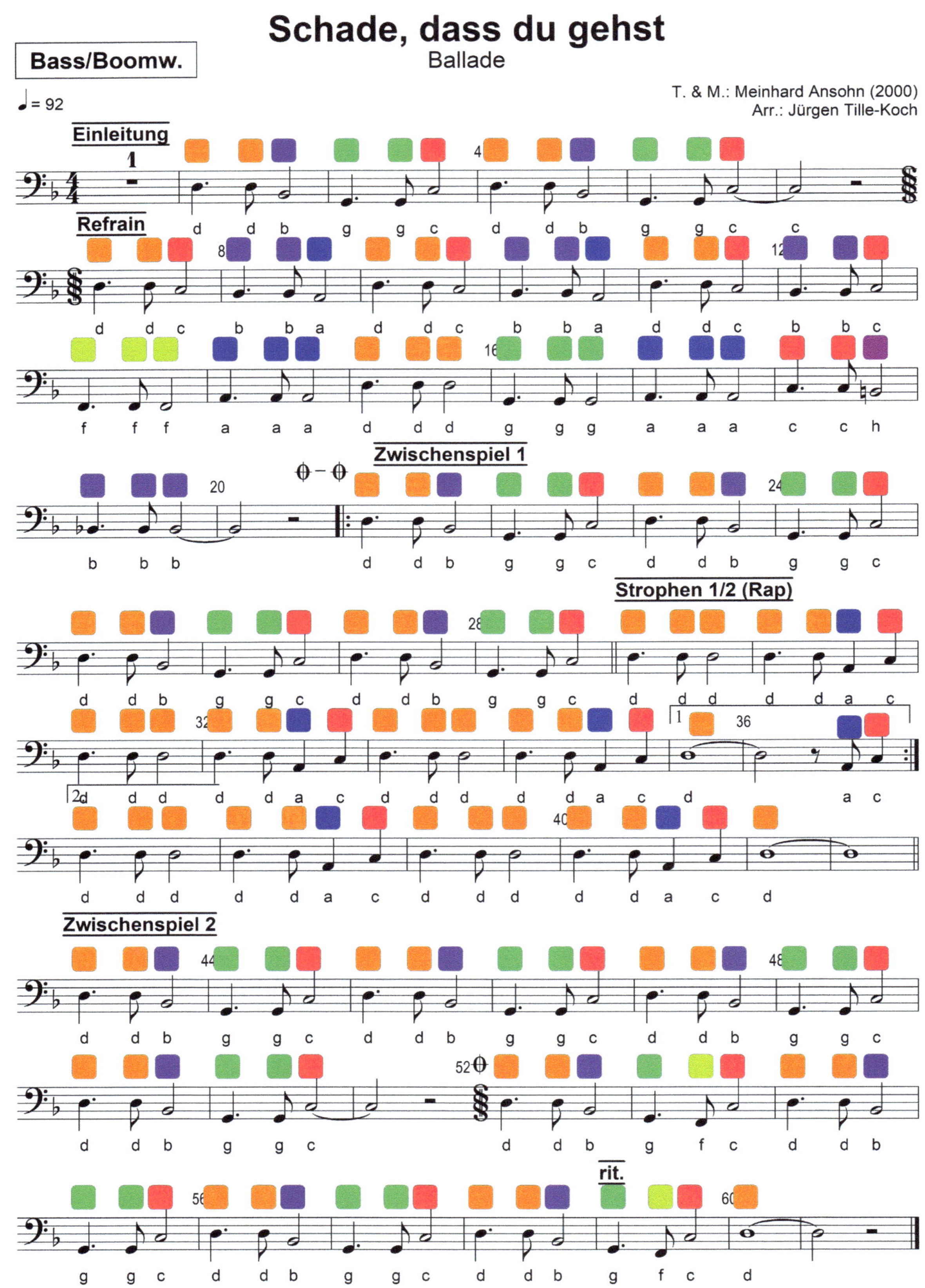

➔ Lyrics

Schade, dass du gehst

Willst du wirklich gehn?
Ich dachte, es wär noch nicht Zeit.
Willst du wirklich schon gehn?
Ich dachte, es wär noch nicht so weit.
Wir haben viel zusammen gemacht, gestritten,
uns vertragen, gelacht, als würd es nie vorbei sein.
Schade, dass du gehst.

Rap:

1. Als wir uns trafen, wussten wir nicht, was wir wollten.
   Wir war'n in einer Klasse, wussten nicht, was wir da sollten.
   Dann merkte ich, dass du auf gleiche Sachen stehst.
   Und jetzt ist's einfach schade – schade dass du gehst,

2. Einmal, zweimal, dreimal, viele Male ohne Zahl,
   - wir haben Quatsch gemacht – und uns kaputtgelacht.
   - Wir waren Freunde, ja, das kann man wirklich sagen,
   die, auch wenn Sorgen nagen, sich fast immer gut vertragen.
   Und wenn du heute manches, was ich meinte, verdrehst,
   finde ich es trotzdem schade – schade, dass du gehst.

Willst du wirklich gehn?
Ich dachte, es wär noch nicht Zeit.
Willst du wirklich schon gehn?
Ich dachte, es wär noch nicht so weit.
Wir haben viel zusammen gemacht, gestritten,
uns vertragen, gelacht, als würd es nie vorbei sein.
Schade, dass du gehst.
Schade, dass du gehst.
Schade, dass du gehst.
Schade, dass du gehst.

FESTE FEIERN IN DER SCHULE Singen & spielen in Klasse und Chor – Bestell-Nr. 16 111

→ Individueller Text

Bei einer Live-Präsentation oder einer Umsetzung zur Playback-Version kann der Rap-Text in den Takten 29 – 42 durch eigene Ideen ersetzt werden. Dieser individuelle Text wird mit Blick auf die aktuelle Situation dieser Verabschiedung entworfen.

Unser Text Takt 29-42:

1. ______________________________

____

____

____

2. ______________________________

____

____

____

____

1.2 Walzer Nr. 2

➔ zu *„Walzer Nr. 2“*

Das Arrangement stellt ein Thema eines Satzes aus der Suite für Varieté-Orchester des russischen Komponisten und Pianisten Dimitri Schostakowitsch (1906 – 1975) dar. Das bekannte Thema wurde häufig als Filmmusik verwendet und ist auch durch den niederländischen Violinisten und Orchesterleiter André Rieu populär geworden.

➔ zur Umsetzung

Arrangement (Partitur) *(S. 14-15)*

Im Arrangement sind die zu realisierenden Stimmen zusammengefasst und für die Lehrperson als Vorlage gedacht. Die Originaltonart c-Moll bzw. Es-Dur wurde nach a-Moll bzw. C-Dur transponiert, um eine Umsetzung im Klassenrahmen zu erleichtern.

Melodie *(S. 16)*

Tonumfang und Länge der zweiteiligen Melodie stellen erhöhte Anforderungen an die Realisation. Es werden alle zur Verfügung stehenden Melodieinstrumente im Wechsel und auch im gemeinsamen Spiel eingesetzt.

Begleitung / Bass / Boomwhacker *(S. 17)*

Xylofon oder Tasteninstrumente werden vorzugsweise eingesetzt, wobei die zweistimmige Begleitung auf jeweils zwei Spieler*innen verteilt werden kann.

Die Herausforderung in dieser Notation liegt auf dem Lesen der im Bassschlüssel notierten Stimme. Als Hilfe sind die Notennamen engegeben.
Die Farbsymbole beziehen sich auf einen Einsatz der Boomwhacker, die optional eingesetzt werden können.

KOHL VERLAG Lernen mit Erfolg FESTE FEIERN IN DER SCHULE Singen & spielen in Klasse und Chor – Bestell-Nr. 16 111

➔ Arrangement

Walzer Nr. 2

aus "Suite für Varieté-Orchester"

Dimitri Schostakowitsch
(komp. Anfang 1950)
Arr.: Jürgen Tille-Koch

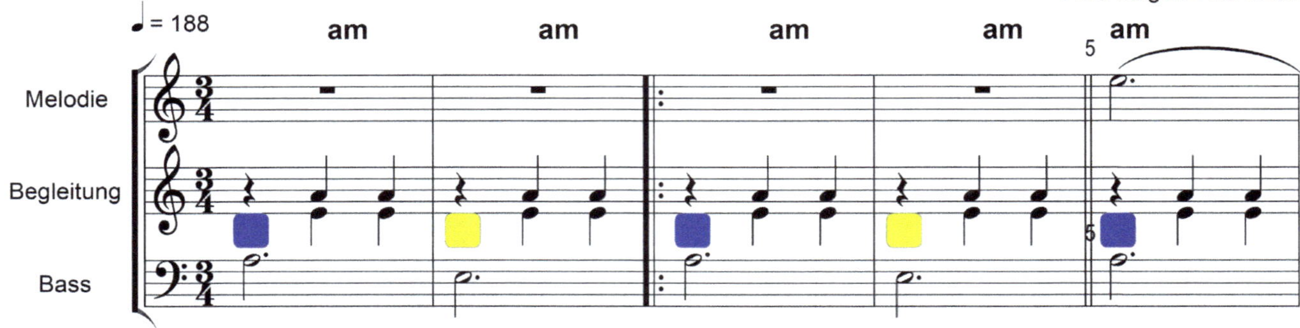

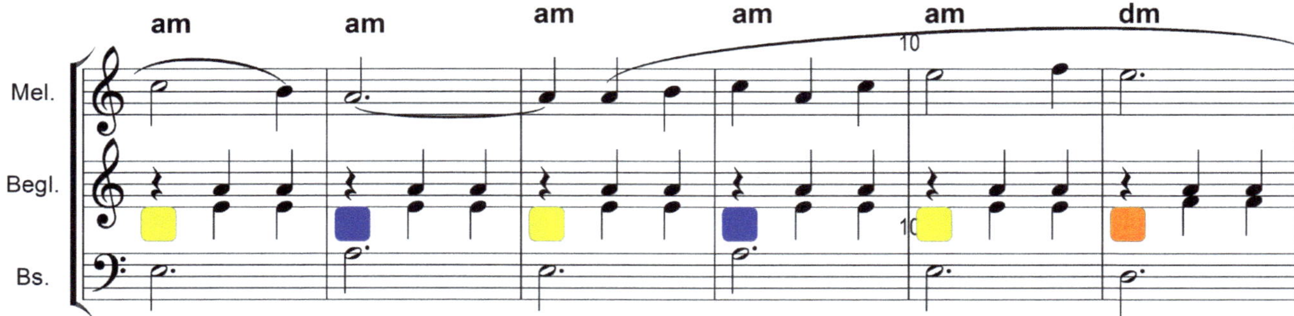

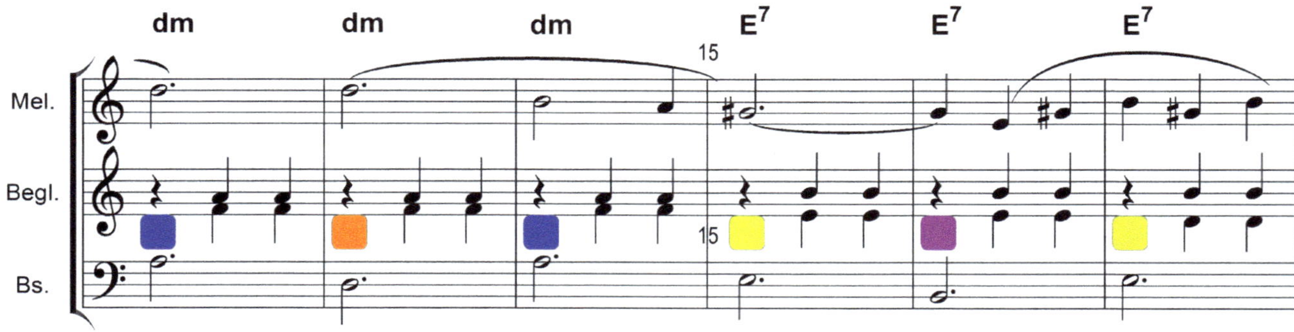

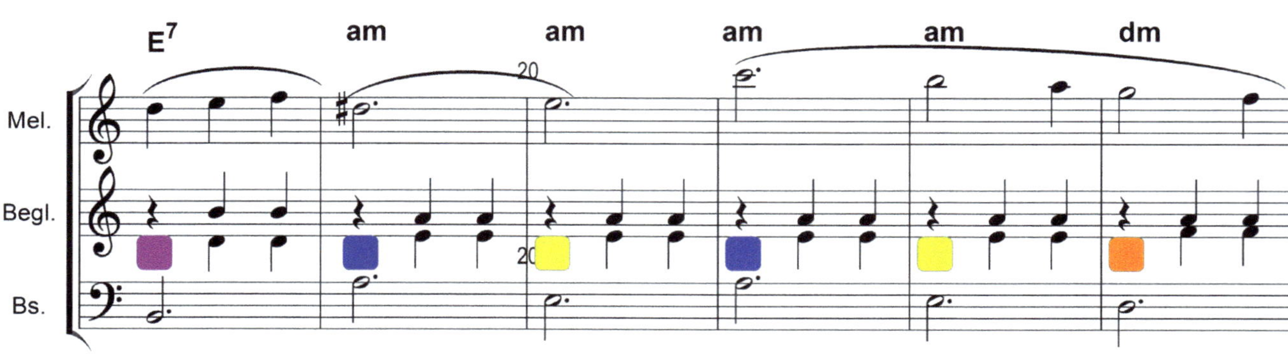

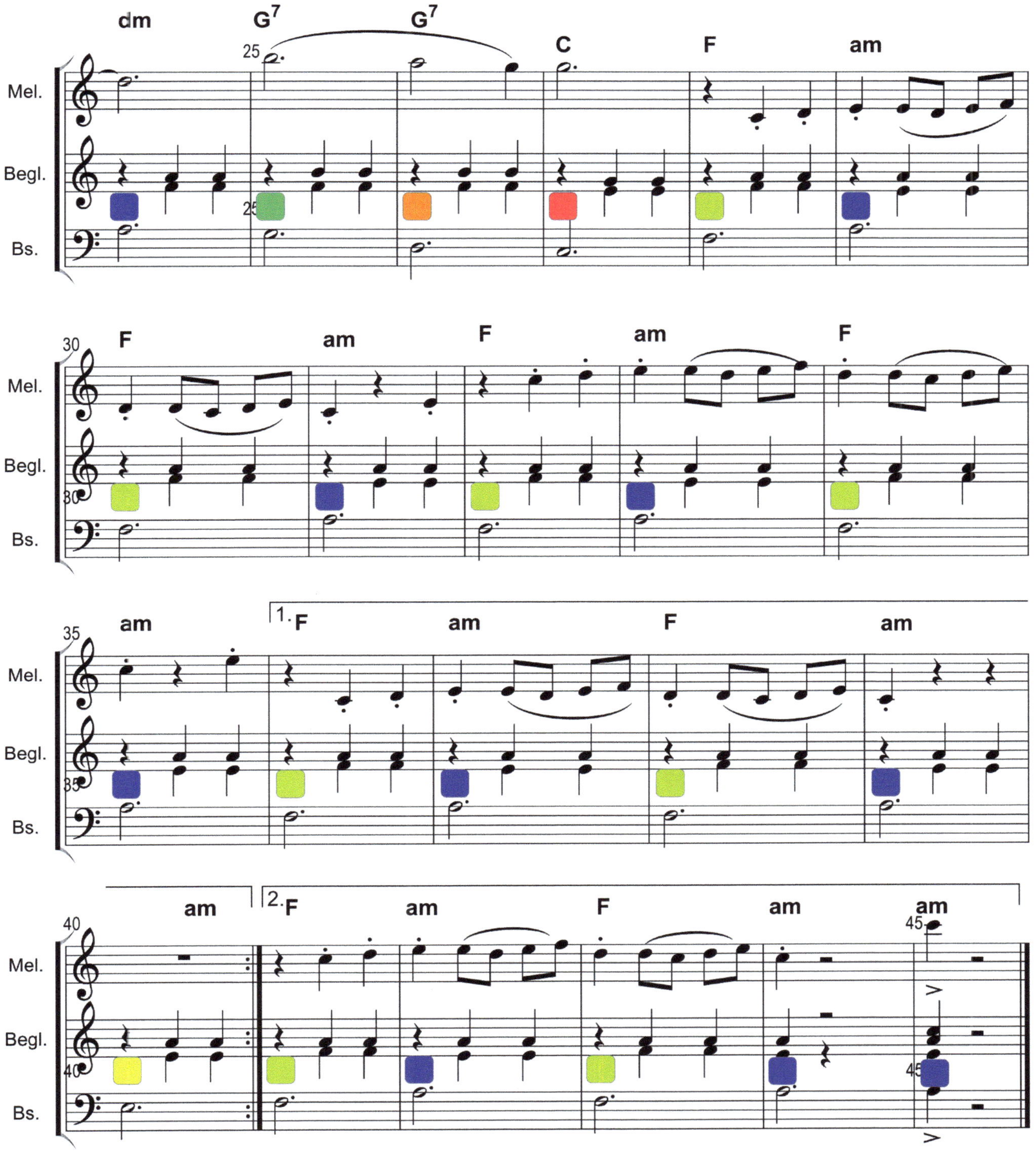

dm G^{7} G^{7} C F am

Mel.
Begl.
Bs.

F am F am F

Mel.
Begl.
Bs.

am | 1. F am F am

Mel.
Begl.
Bs.

am :| 2. F am F am am

Mel.
Begl.
Bs.

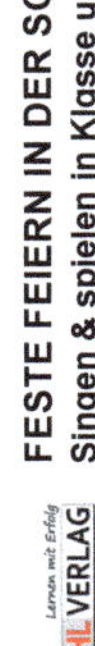

➔ Melodie

Walzer Nr. 2
aus "Suite für Varieté-Orchester"
Melodie
Dimitri Schostakowitsch
(komp. Anfang 1950)
Arr.: Jürgen Tille-Koch
♩= 188

➔ Begleitung / Bass / Boomwhacker

Walzer Nr. 2

aus "Suite für Varieté-Orchester"

Dimitri Schostakowitsch
(komp. Anfang 1950)
Arr.: Jürgen Tille-Koch

♩ = 188

Begl.

Bass/
Boomwh.

am am am 4 am am
a e a e a

am am 8 am am am dm
e a e a e d

12 dm dm dm E^7 16 E^7 E^7
a d a e h e

E^7 am 20 am am am dm 24 dm
h a e a e d a

G^7 G^7 C 28 F am E^7 am
g d c f a e a

32 F am E^7 am 1. 36 F am E^7
f a e a f a e

am 40 am 2. F am E^7 44 am am
a e f a e a a

FESTE FEIERN IN DER SCHULE
Singen & spielen in Klasse und Chor – Bestell-Nr. 16 111
KOHL VERLAG Lernen mit Erfolg

2 Projekte

2.1 Lied zum Film „Die Kinder des Monsieur Matthieu“

➔ zum Film *„Die Kinder des Monsieur Matthieu“*

Der Film aus dem Jahr 2004 spielt im Frankreich von 1949. Er erzählt die Geschichte des Pedells Clément Mathieu, der in der Nachkriegszeit eine Stelle in einem Internat voller unbändiger und schwer erziehbarer Jungen antritt.
Die Kinder leiden unter der Herrschaft des unzufriedenen und cholerischen Rektors Rachin. Im Gegensatz zum Schulleiter motiviert Monsieur Matthieu mithilfe der Kraft der Musik die Kinder, treibt sie an und schweißt sie zusammen.

➔ zu *„Vois Sur Ton Chemin“*

Die Vorlage der Notation orientiert sich an dem Original unter
https://www.youtube.com/watch?v=aSO5fQTmHNY .

Eine Techno-Version aus dem Jahr 2023 kann unter diesem Link gehört werden:
https://www.youtube.com/watch?v=ZlIT9hO1EZE *(Stand jeweils April 2024)* .

Eine Notation einer Piano-Begleitung kann unter diesem Link geladen werden:
https://www.tuttamusica.nl/wp-content/uploads/2018/12/TMP-Vois-sur-ton-chemin.pdf

➔ zur Umsetzung

Chorstimmen *(S. 19-22)*

In der Vorlage liegt der Text in den Sprachen Französisch (Original), Englisch und Deutsch vor. Im Zusatzmaterial sind die Texte jeweils in Einzeldateien abgelegt.

Eine mögliche Pianobegleitung durch z.B. die Lehrperson kann einfach durch Orientierung an den Harmonieangaben gestaltet werden.
Die Pianobegleitung kann solistisch erfolgen. Sie kann auch gemeinsam mit der auf Seite 22-23 abgelegten Notation umgesetzt werden.

optional:

Begleitung / Bass / Boomwhacker *(S. 23-24)*

Je nach Zielsetzung und schulischen und personalen Möglichkeiten kann der Gesang optional wie notiert von Stabspielen, Tasteninstrumenten, Bass und Boomwhacker begleitet werden.

Lyrics *(S. 25-27)*

Französisch ⇨ S. 25 • Deutsch ⇨ S. 26 • Englisch ⇨ S. 27

➔ Chorstimmen

das Lied aus dem Film

"Die Kinder des Monsieur Mathieu"

für Klassenmusizieren, Singen & Chor

Musik: B. Coulais
Text: Ch. Barratier
Arrangement: J. Tille-Koch

Stimmen

Vois Sur Ton Chemin (2004) -
See Upon Your Path - Sieh auf deinem Weg

FESTE FEIERN IN DER SCHULE
Singen & spielen in Klasse und Chor – Bestell-Nr. 16 111
KOHL VERLAG

12
dm A7 dm gm
vi - e, sen - tier de gloire,
ho - pe a path of glo-ry.
Le - bens, den Weg zum Ruhm.
d'es - poir, ar - deur de la vie, de la vie.
li - fe, hap - pi - ness of life, of life,
Le - ben. Dann war - tet das Glück auf dich,
dm A7 dm gm
Bon - heurs en - fant - tins
Joys of child - hood,
Freu - den der Kind - heit,
sen - tier de gloire,. sen - tier de gloire,
and path of glo - ry, path of glo-ry.
der Weg zum Ruhm ist doch so nah.
16
A7 dm dm A7
trop vite ou - bil - és, ef - fa - cés, une lu - mière do - rée bri - lle sans
quick - ly gone and for - got - ten, gol - den light il - lu - mi - nates the
schnell ver - gan - gen und ver - ges - sen. Ganz am En - de die - ses We - ges
dm A7 dm gm
fin tout au bout du che - min.
ver - y end of the path.
leuch - tet auch für dich ein Licht.
Vite ou - bli - és, ef - fa - cés,
So quick - ly gone, for - got - ten,
Ver - lo - ren und ver - ges - sen,
20
dm A7 dm gm dm A7
Sens au coeur de la nuit l'on - de d'es -
Feel in the heart of the night a swell of
Fühl' im Her - zen der Nacht die Hoff - nung
une lu - mière do - rée bri - lle sans fin. Au coeur de la
gold - en light il - lu - mi - nates the end. Feel in the heart
ganz am En - de die - ses We - ges leuch - tet in der Nacht,

FESTE FEIERN IN DER SCHULE Singen & spielen in Klasse und Chor – Bestell-Nr. 16 111
KOHL VERLAG Lernen mit Erfolg

40
dm A7 dm gm dm A7
ner vers d'au tres len - de - mains.
on to - ward an - oth - er day.
sie zu ei - nem an - dern Tag.
Don - ne - leur la main pour les me - ner vers d'au - tres len - de
Take them by the hand to lead them on to - ward an - oth - er
Gib ih - nen die Hand und füh - re sie zu ei - nem an - dern
dm gm 44 dm A7 dm gm
Sens au coeur de la nuit l'on - de d'es - poir, ar - deur de la
Feel in the heart of the night a swell of hope and ar - dor of
Fühl' im Her - zen der Nacht die Hoff - nung und die Kraft des
mains. Au coeur de la nuit l'on - de
day. Feel in the heart swell of hope,
Le - ben. Dei - ne Kraft zeigt den Weg ins
dm A7 dm gm 48 dm A7
vi - e, sen - tier de gloire, coeur de la nuit l'on - de d'es
li - fe, a path of glo-ry heart of the night a swell of
Le - bens, den Weg zum Ruhm. Fühl' im Her - zen die Hoff - nung
d'es poir. Au coeur de la
and life, in the heart of night
Le - ben. Hoff - nung, dei - ne Kraft
dm gm dm A7 dm
poir, ar - deur de la vi - e, sen - tier de gloire.
hope and ar - dor of li - fe, a path of glo-ry.
und die Kraft des Le - bens, den Weg zum Ruhm.
nuit l'on - de d'es poir.
swell of hope and life.
füh - re sie ins Le - ben.

➔ Begleitung / Bass / Boomwhacker

das Lied aus dem Film

"Die Kinder des Monsieur Mathieu"

für Klassenmusizieren, Singen & Chor

Musik: B. Coulais
Text: Ch. Barratier
Arrangement: J. Tille-Koch

Begleitung

Vois Sur Ton Chemin -
See Upon Your Path - Sieh auf deinem Weg (2004)

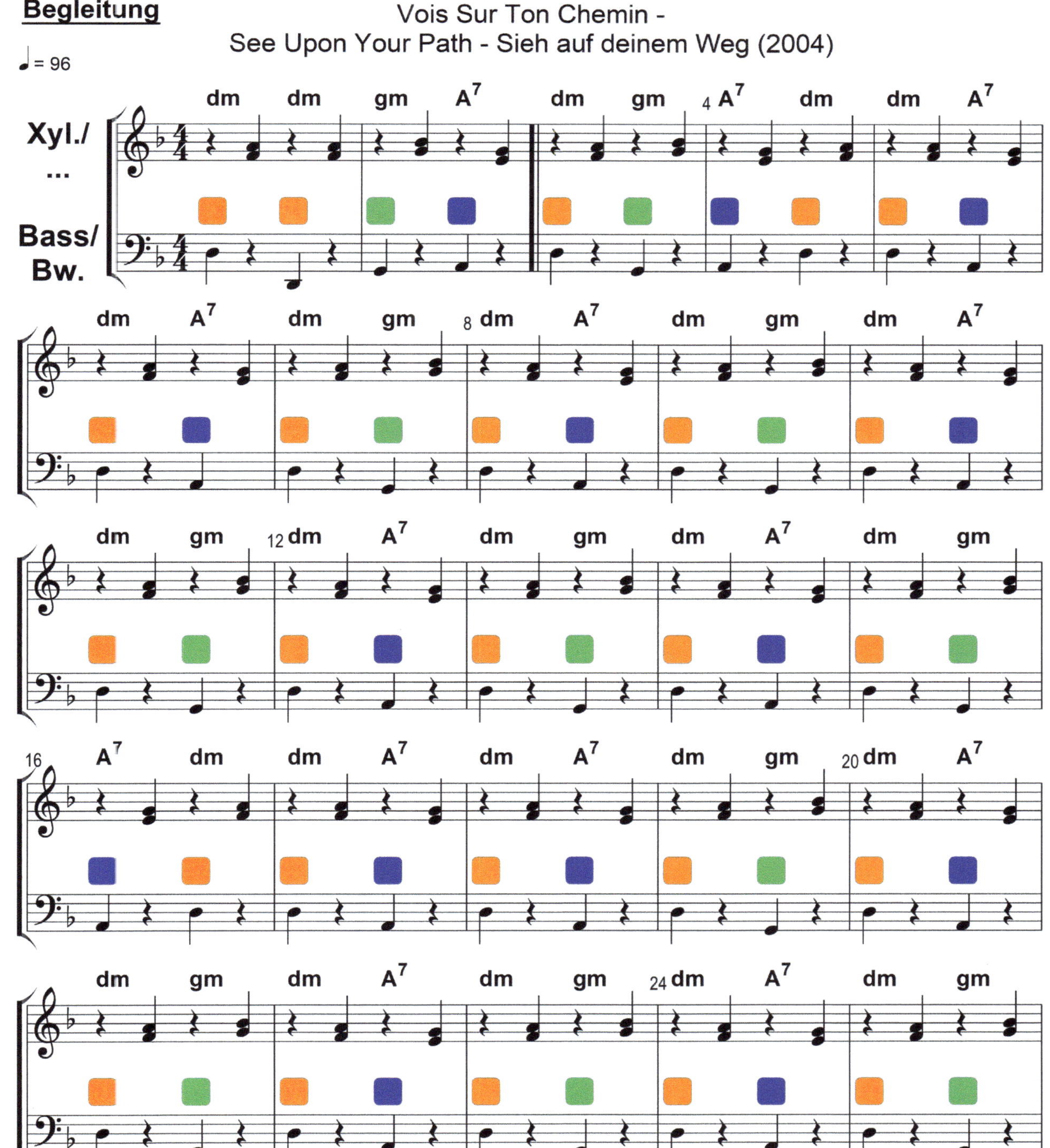

FESTE FEIERN IN DER SCHULE
Singen & spielen in Klasse und Chor – Bestell-Nr. 16 111
KOHL VERLAG

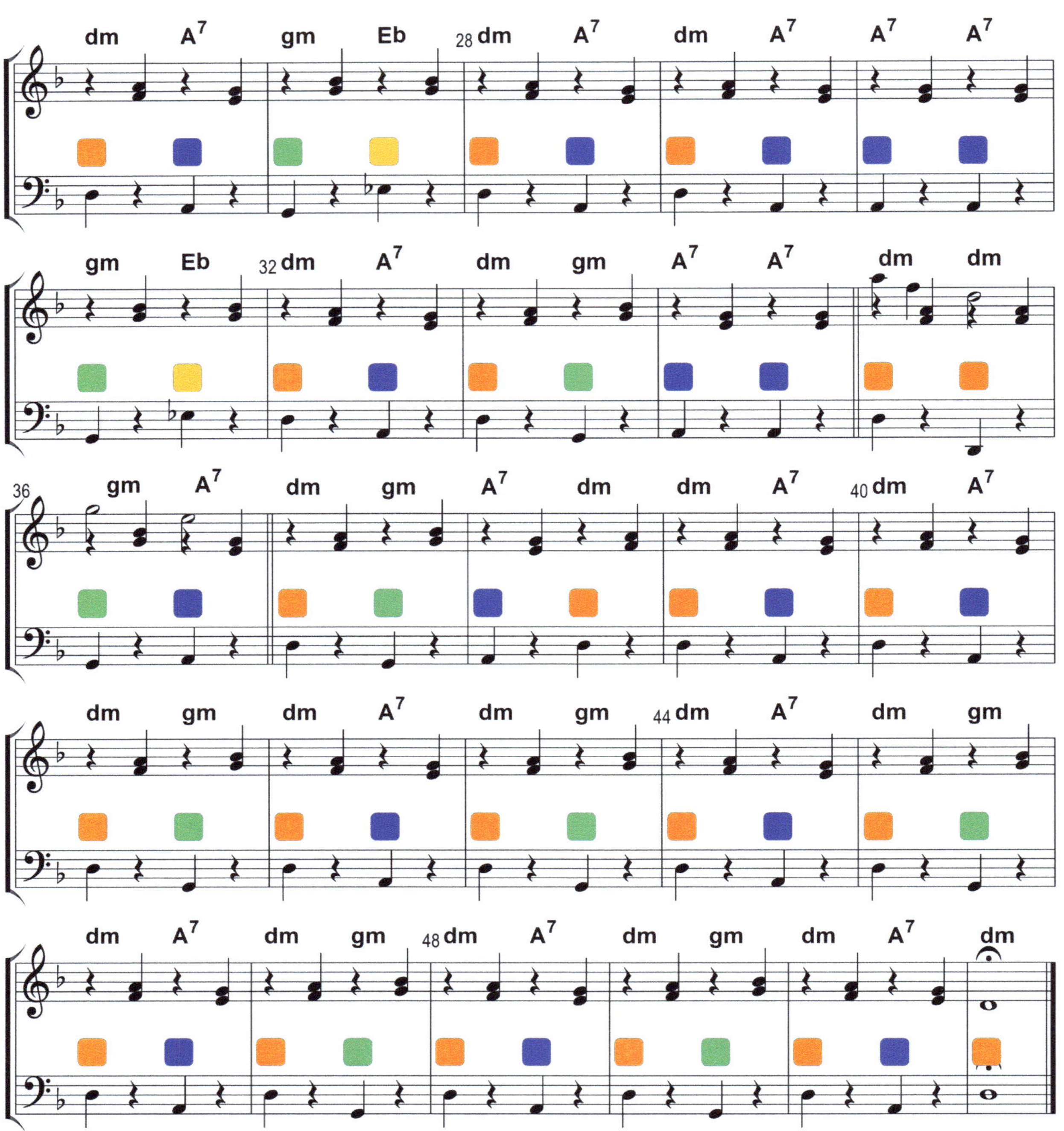
dm A7 gm Eb 28 dm A7 dm A7 A7 A7
gm Eb 32 dm A7 dm gm A7 A7 dm dm
36 gm A7 dm gm A7 dm dm A7 40 dm A7
dm gm dm A7 dm gm 44 dm A7 dm gm
dm A7 dm gm 48 dm A7 dm gm dm A7 dm

➔ Lyrics

Die Kinder des Monsieur Mathieu

Text auf Französisch: Vois sur ton chemin*

1. Stimme

Vois sur ton chemin gamins oubliés,
égarés.
Donne-leur la main pour les mener
vers d'autres lende-
mains.

Sens au cœur de la nuit
vie,
sentier de
gloire.

Bonheurs
enfantins trop vite oubliés, effacés,
une lumière dorée brille sans fin
tout au bout du chemin.

Sens au cœur de la
nuit l'onde d'es
poir, ardeut de la
vie, sentier de
gloire.

É lé é   i lé é ...
Vois sur ton chemin gamins oubliés,
égarés.
Donne-leur la main pour les mener
vers d'autres lende-
mains.

Sens au cœur de la
nuit l'onde d'es-
poir, ardeur de la
vie, sentier de
gloire, coeur de la
nuit l'onde d'es
poir. ardeur de la
vie, sentier de
gloire.

2. Stimme

Donne-leur la main pour les mener
vers d'autres lende-
mains. Au cœur de la
d'espoir,

ardeur de la vie, de la vie.
sentier de gloire, sentier de
gloire

Vite oubliés, effacés, une lumière
dorée brille sans
fin. Au
coeur de la
nuit l'onde
d'espoir,
ardeur de la vie, de la vie.
sentier de gloire, sentier de gloire.
É lé é   i lé é ...

Donne-leur la main pour les mener
vers d'autres lende-
mains. Au
cœur de la
nuit l'onde
d'es
poir. Au
coeur de la
nuit l'onde
d'es
Poir.

*siehe auch Hinweis auf Seite 3.

Die Kinder des Monsieur Mathieu

Text auf Deutsch: Sieh auf deinem Weg

1. Stimme

Sieh auf deinem Weg Kinder,
die vergessen wurden.
Gib ihnen die Hand und führe
sie zu einem andern
Tag.

Fühl' im Herzen der
Nacht die Hoffnung
und die Kraft des Lebens,
Lebens, den Weg zum
Ruhm.

Freuden
der Kindheit, schnell
vergangen und vergessen.
Ganz am Ende dieses Weges
leuchtet auch für dich ein Licht.

Fühl' im Herzen der
Nacht die Hoffnung
und die Kraft des
Lebens, den Weg zum
Ruhm.

É lé é i lé é ...

Sieh auf deinem Weg Kinder,
die vergessen wurden.
Gib ihnen die Hand und führe
sie zu einem andern
Tag.

Fühl' im Herzen der
Nacht die Hoffnung
und die Kraft des
Lebens, den Weg zum
Ruhm. Fühl' im Her-
zen die Hoffnung
und die Kraft des
Lebens, den Weg zum.
Ruhm.

2. Stimme

Gib ihnen die Hand und führe sie zu
einem andern
Leben.
Deine Kraft
zeigt den Weg ins.
Leben.
Dann wartet das Glück auf dich.
der Weg zum Ruhm ist doch so
nah.

Verloren und vergessen,
ganz am Ende dieses Weges
leuchtet
in der Nacht,
Hoffnung und
Leben.
Dann wartet das Glück auf dich,
der Weg zum Ruhm ist doch so nah.

É lé é i lé é ...

Gib ihnen die Hand und führe sie zu
einem andern
Leben.
Deine Kraft
zeigt den Weg ins
Leben.
Hoffnung,
deine Kraft
führe sie
ins Le-
ben.

Die Kinder des Monsieur Mathieu

Text auf Englisch: See Upon Your Path

1. Stimme

See upon your path children
lost and forgotten.
Take them by the hand to lead them
on toward another
day.

Feel
in the heart of the
night
a swell of
hope and ardor of
hope
a path of glory.

Joys
of childhood, quickly gone and forgotten,
golden light illuminates the very end
of the path.

light

Feel in the heart of the
night a swell of
hope and ardor of life,
a path of
glory.

É lé é i lé é ...

See upon your path children
lost and forgotten.
Take them by the hand to lead them
on toward another
day.

Feel
in the heart of the
night
a swell of
hope and ardor of
life, a path of glory.

2. Stimme

Take
them by the hand to lead them
on toward another
day.
Feel
in the heart

of the night
life,
happiness of life, of life
and a path of glory, path of
glory.

So quickly gone, forgotten, golden

illuminates the
end. Feel
in the heart
swell of hope and life,

happiness of life, of life,
and a path of glory, path of glory.

É lé é i lé é ...

Take
them by the hand to lead them
on toward another
day.
Feel
in the heart

swell of hope
and life.

KOHL VERLAG FESTE FEIERN IN DER SCHULE Singen & spielen in Klasse und Chor – Bestell-Nr. 16 111

2.2 Es gibt keinen PLANeten B!

➔ zu *„Es gibt keinen PLANeten B!"*

Der Umwelt-Song „Es gibt keinen PLANetenB!" kann auch als Teil eines fächerübergreifenden Umweltprojektes eingesetzt werden.
Der Text des Songs weist darauf hin, dass es nur diese eine Erde gibt, die geschützt werden muss - und keinen PLANeten B!

➔ zur Umsetzung

Chorstimmen *(S. 29)*

Reihenfolge und Wiederholungen orientieren sich an der Audio-Vorlage des Songs. Vollversion und Playback sind als Zusatzmaterial beigefügt.

Einleitung: 2 Takte Rhythmus & Harmonie

1. Stimme solo + Wiederholung

2. Stimme solo; Wiederholung: + 3. Stimme

1. & 2./3. Stimme + Wiederholung

4. Stimme solo; Wiederholung über der Textzeile A, B, C, ...

1., 2., 3., 4. Stimme zusammen; 4-mal

Schluss: die beiden letzten Takte in der Volten-Klammer

Begleitung *(S. 30)*

Die Begleitstimmen (Xylophon, Bass/Boomwhacker) können optional eingesetzt werden. Eine mögliche Piano-Begleitung durch z.B. die Lehrperson orientiert sich an den Harmonieangaben.
Die Tonart der Audio-Version ist beibehalten, sodass z.B. zur Playback-Version gespielt werden kann.

Lyrics *(S. 31)*

Die 4 Stimmen sind in der Vorlage festgehalten. Sie können in der Audio-Datei entsprechend verfolgt werden.

→ Chorstimmen

FESTE FEIERN IN DER SCHULE – Singen & spielen in Klasse und Chor – Bestell-Nr. 16 111
KOHL VERLAG

➔ Begleitung

Es gibt keinen PLANeten B!

Umweltlied

T. & M.: Martina Schwarz
Arr.: Jürgen Tille-Koch

Bass / Boomwhacker

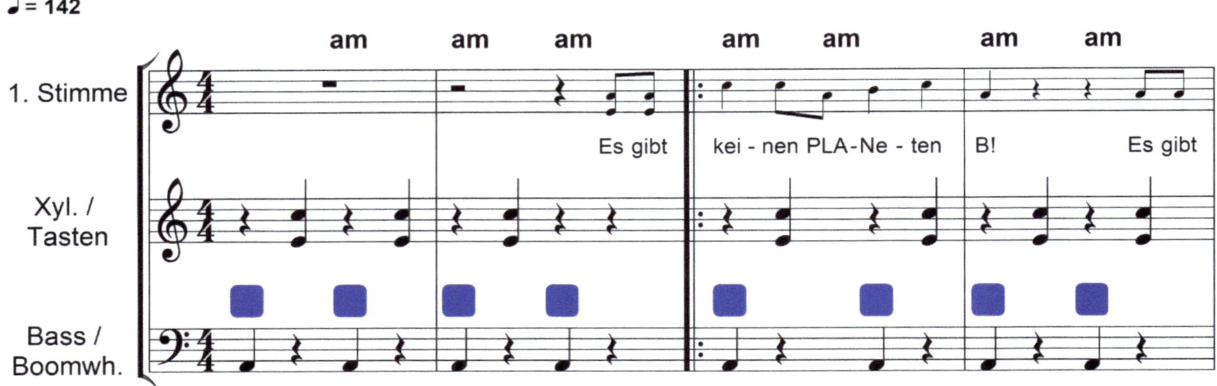

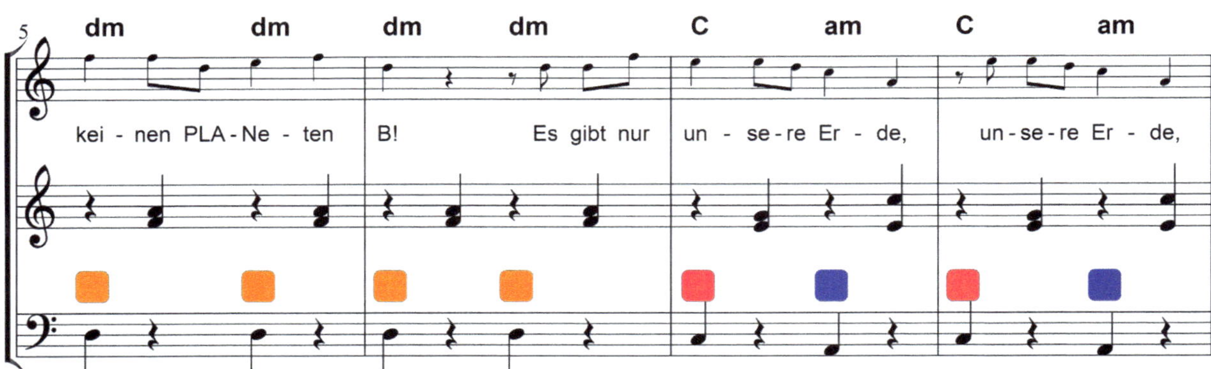

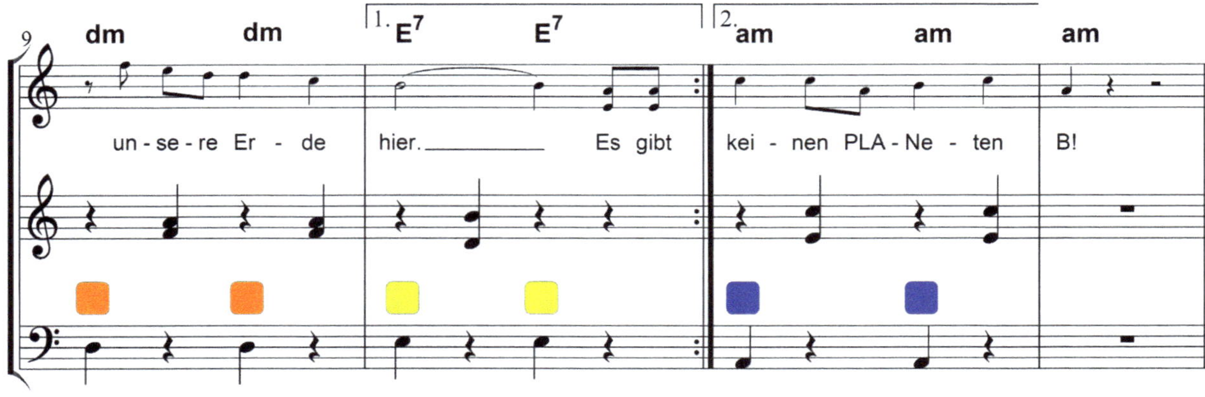

➔ Lyrics

Es gibt keinen PLANeten B!

1. Stimme

Es gibt keinen PLANeten B! Es gibt keinen PLANeten B!
Es gibt nur unsere Erde, unsere Erde, unsere Erde hier.
Es gibt keinen PLANeten B! (wiederholen)

2./3. Stimme

Tut nicht so, als ob es kein Problem gibt.
Tut nicht so, als ob es euch nichts angeht.
Tut nicht so, als ob es ewig Zeit gibt.
Tut nicht so, als ob, tut nicht so! (wiederholen)
Tut nicht so, als ob!

4. Stimme

Er - de, es gibt nur ei - ne
Erde, sonst gibt´s kei – ne Er – de,
nur die ei - ne Er – de. (wiederholen)
A, B, C, D, E, F, G __
H, I, J, K, L, M, N, O, P__
Q, R, S, T, U, V, W __
X, Y, Z.

FESTE FEIERN IN DER SCHULE Singen & spielen in Klasse und Chor – Bestell-Nr. 16 111

3 Weihnachten

3.1 Last Christmas

➔ zum Song *„Last Christmas“*

Der Popsong „Last Christmas“ der britischen Gruppe Wham! aus dem Jahr 1984 handelt von einer verflossenen Liebesbeziehung. Auch wenn der Song kein Weihnachtslied im traditionellen Sinn darstellt, ist er inzwischen zu Weihnachten als „Kultsong“ anzusehen. Das notierte Arrangement orientiert sich an dem Video unter *https://www.youtube.com/watch?v=E8gmARGvPlI* .

➔ zur Umsetzung

Arrangement *(S. 33-39)*

Das wie o.a. am Original orientierte, ausführliche Arrangement gibt den Stimmenverlauf mit Text, Wiederholungen und Begleitstimmen wieder.

Stimme / Text *(S. 40-41)*

Die Notation ist die Vorlage für den Klassen-, Chor- und/oder Solo-Gesang. Sie kann so zum Original oder zur Live-Umsetzung vorgelegt werden.

Thema *(S. 42)*

Das Thema wird auf dem Glockenspiel, dem Metallophon oder einer entsprechenden Klangfarbe des Keyboards wie notiert gespielt.

Riff / Bass / Boomwhacker / Rhythmus *(S. 43)*

Riff und Bass sind als 8-taktiges Ostinato in der harmonischen Folge
D / D / hm / hm / em / em / A / A mit dem Schluss D / D notiert.
Es wir durchgehend gespielt. Instrumentierung kann z.B. sein:
Riff: Xylophon, Piano, Keyboard o.ä.
Bass: Bass-Xylophon, tiefes Piano oder Keyboard
Boomwhacker: ad lib.

Rhythmus (108 bpm):

Hi-hat o.a.	durchgeschlagene Achtel
Snare drum o.a.	auf den Zählzeiten 2 und 4
Base drum o.a.	auf den Zählzeiten 1 und 3

Lyrics *(S. 44)*

Der Text orientiert sich am Original und der Notationsvorlage auf Seite 40/41.

➔ Arrangement (Partitur)

Last Christmas

Popsong

T. & M.: George Michael (1984)
Arr.: Jürgen Tille-Koch

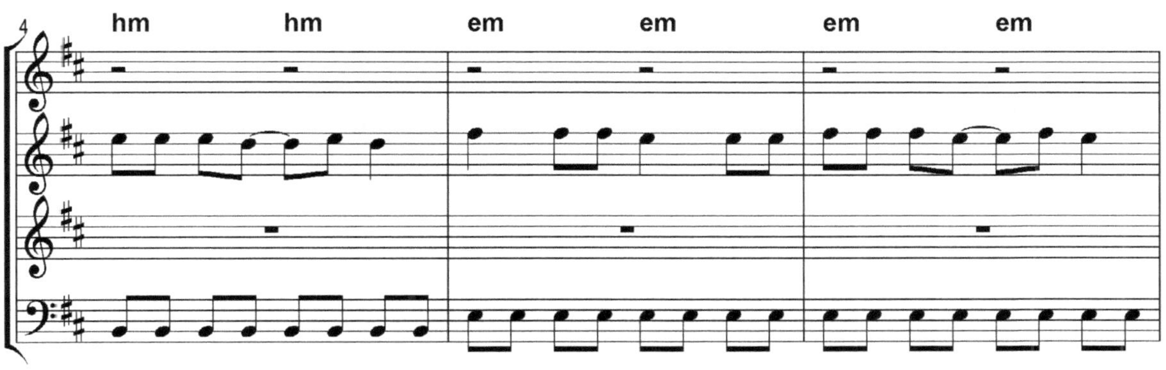

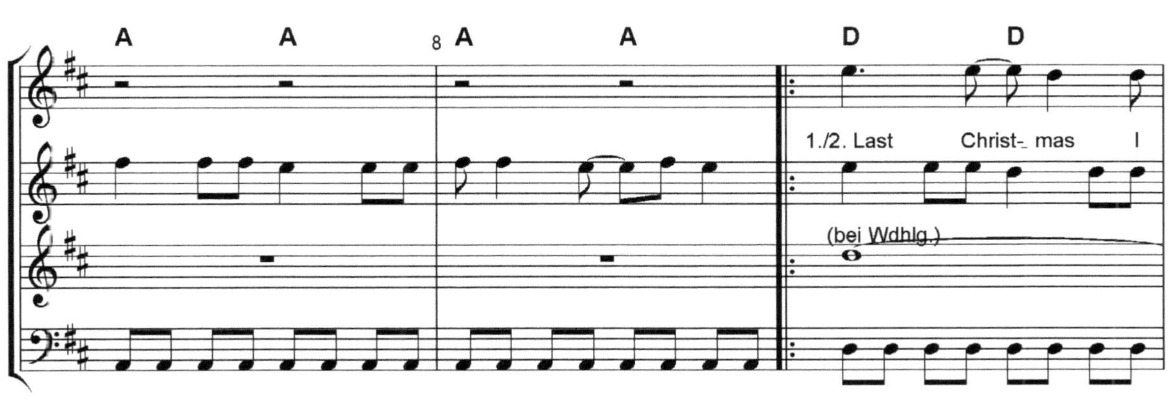

FESTE FEIERN IN DER SCHULE Singen & spielen in Klasse und Chor – Bestell-Nr. 16 111
KOHL VERLAG

D D hm hm 12 hm hm
gave you my heart_ but the ve - ry next day you gave it a - way._
em em em em A A
This year___ to save me from tears__ I'll give it to some-_ one spe
16 A A D D D D
-_ ial.__
hm hm 20 hm hm em em

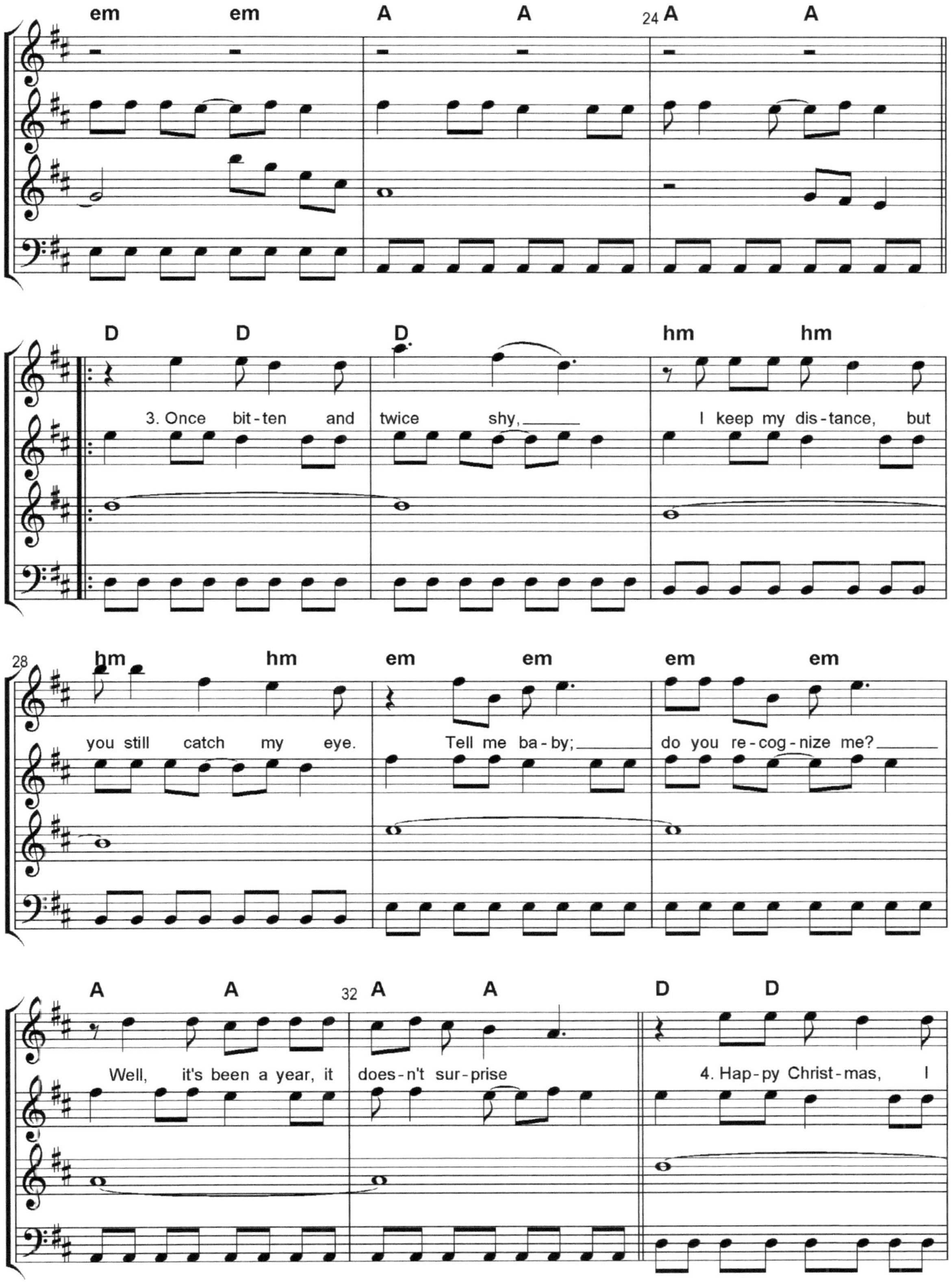

em em A A 24 A A

D D D hm hm

3. Once bit-ten and twice shy, I keep my dis-tance, but

28 hm hm em em em em

you still catch my eye. Tell me ba-by; do you re-cog-nize me?

A A 32 A A D D

Well, it's been a year, it does-n't sur-prise 4. Hap-py Christ-mas, I

FESTE FEIERN IN DER SCHULE
Singen & spielen in Klasse und Chor – Bestell-Nr. 16 111

D D hm hm 36 hm hm
wrapped it up and sent it. With a note saying, "I love you," I meant it.
em em em em A A
Now I know what a fool I've been. But if you kissed me now, I know you'd
40 A A D D D D
fool me a - gain. 5./6. Last Christ - mas I gave you my heart but the
hm hm 44 hm hm em em
ve - ry next day you gave it a - way. This year to

em em A A 48 A
save me from tears I'll give it to some- one spec- i- al. A
bei Wiederhlg.
D D D D hm hm
52 hm hm em em em em
A A 56 A A
7. A crowd - ed room, friends.

60
__ with ti - red ey - es. __
I'm hid - ing from you
and your soul of ice. __
My god, I thought you were
some - one to re - ly on.
Me? I guess I was a
64
shoul - der to cry on. 8.. A
face on a lo - ver with a
fi - re in his heart, a
68
man un - der co - ver, but you
tore me a - part. __

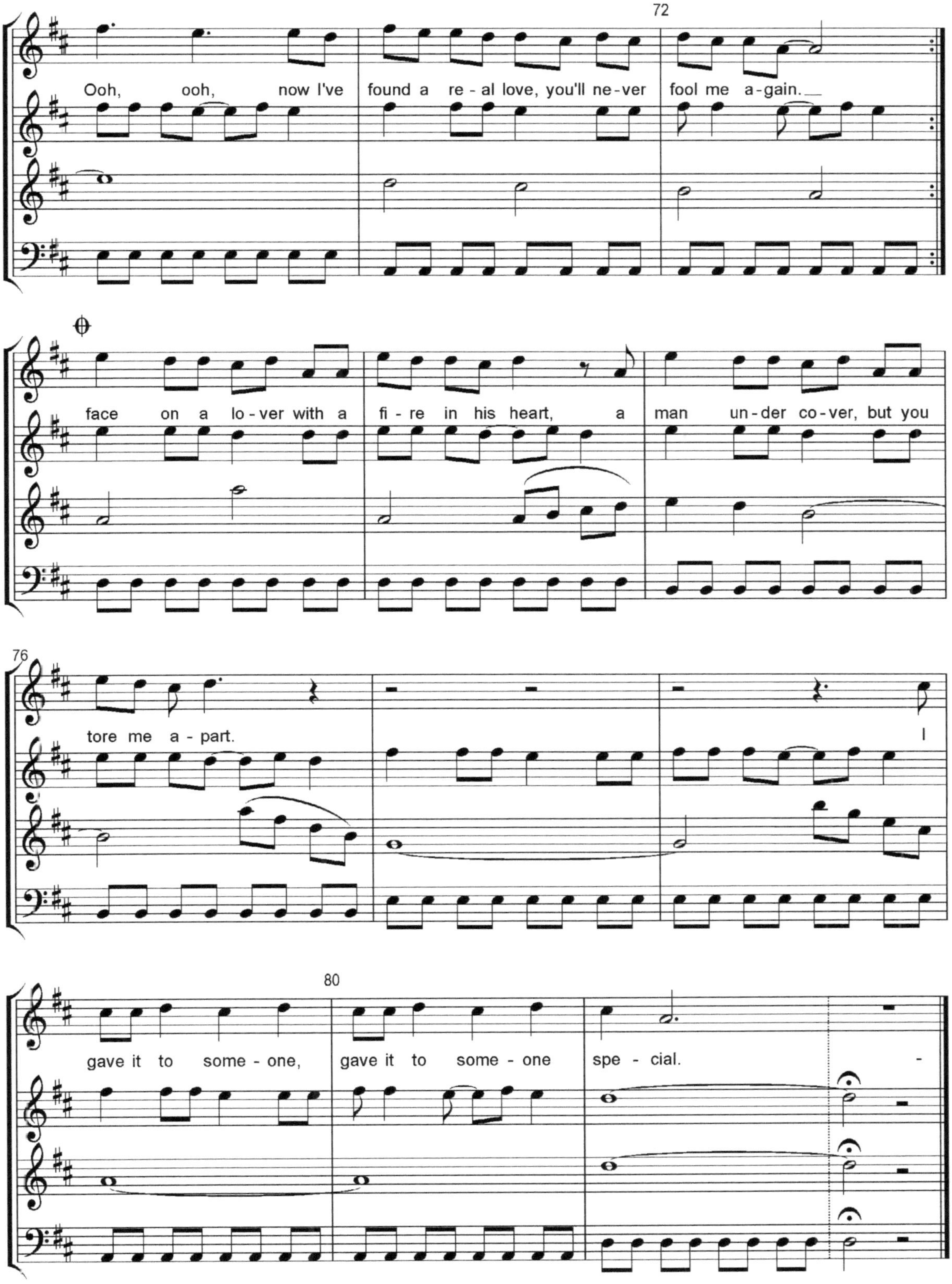

72

Ooh, ooh, now I've found a re - al love, you'll ne-ver fool me a-gain.

face on a lo-ver with a fi - re in his heart, a man un-der co-ver, but you

76

tore me a - part. I

80

gave it to some - one, gave it to some - one spe - cial.

FESTE FEIERN IN DER SCHULE
Singen & spielen in Klasse und Chor – Bestell-Nr. 16 111

➔ Stimme / Text

Last Christmas

Stimme

Popsong

T. & M.: George Michael (1984)
Arr.: Jürgen Tille-Koch

A A D D D D hm hm
fool me a - gain. 5./6. Last Christ - mas I gave you my heart but the ve - ry next day you
hm hm em em em em A A
gave it a - way. This year to save me from tears I'll give it to some- one speci-
A D D D D hm hm hm hm em em
al. A
em em A A A A
7. A crowd - ed room, friends with ti - red ey - es.
I'm hid - ing from you and your soul of ice. My god, I thought you were
some - one to re - ly on. me? I guess I was a shoul - der to cry on. 8.. A
face on a lo - ver with a fi - re in his heart, a man un - der co - ver, but you tore me a -
part. Ooh, ooh, now I've found a re - al love, you'll ne - ver fool me a - gain.
face on a lo - ver with a fi - re in his heart, a man un - der co - ver, but you tore me a - part.
I gave it to some - one, gave it to some - one spe - cial.

➔ Thema

Last Christmas

Thema

Popsong

T. & M.: George Michael (1984)
Arr.: Jürgen Tille-Koch

➔ Riff / Bass / Boomwhacker

Last Christmas

Riff / Bass / Boomwhacker

Popsong

T. & M.: George Michael (1984)
Arr.: Jürgen Tille-Koch

♩ = ´08

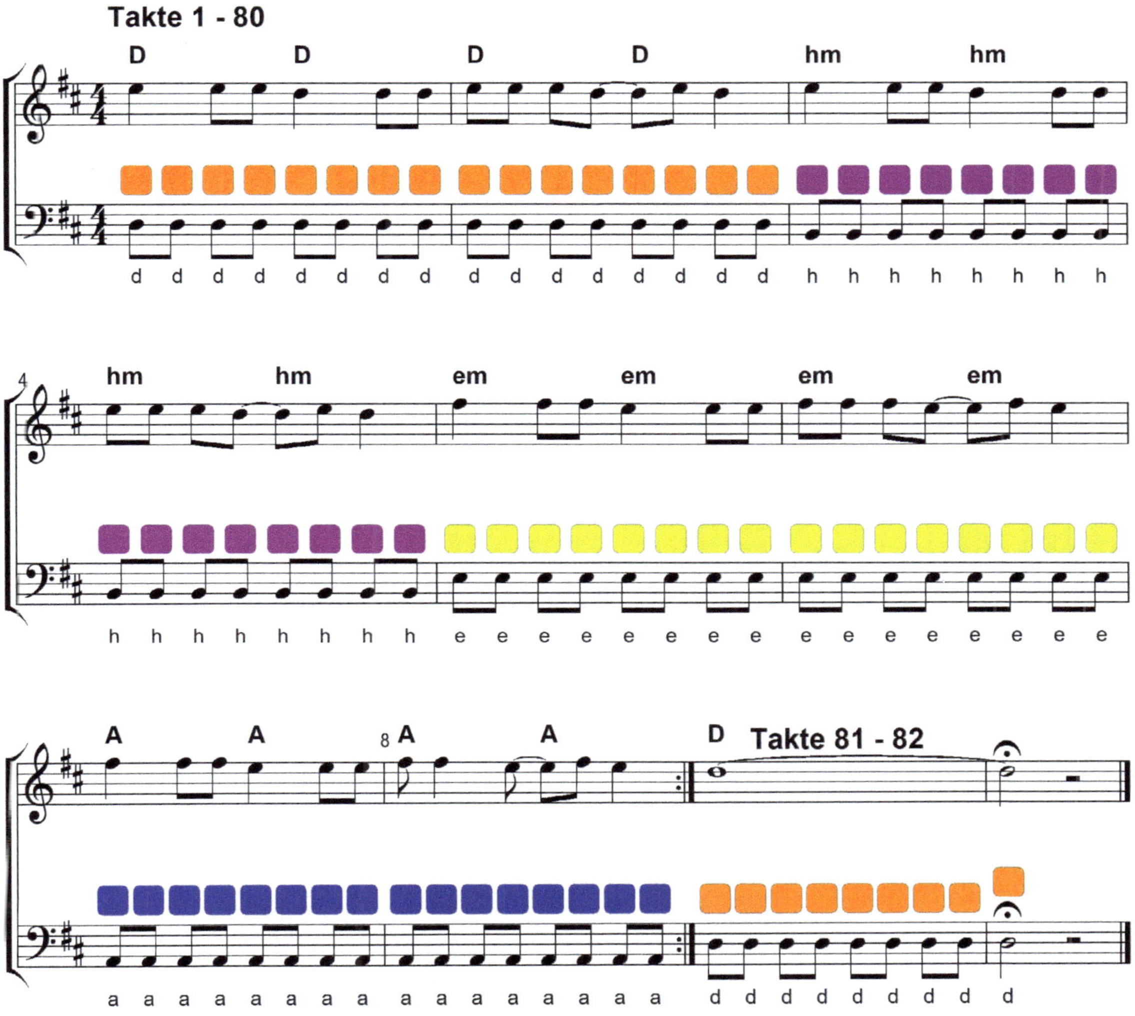

Takte 1 - 80

D D D D hm hm

d d d d d d d d d d d d d d d d h h h h h h h h

4 hm hm em em em em

h h h h h h h h e e e e e e e e e e e e e e e e

A A 8 A A D **Takte 81 - 82**

a a a a a a a a a a a a a a a a d d d d d d d d d

➔ Rhythmus

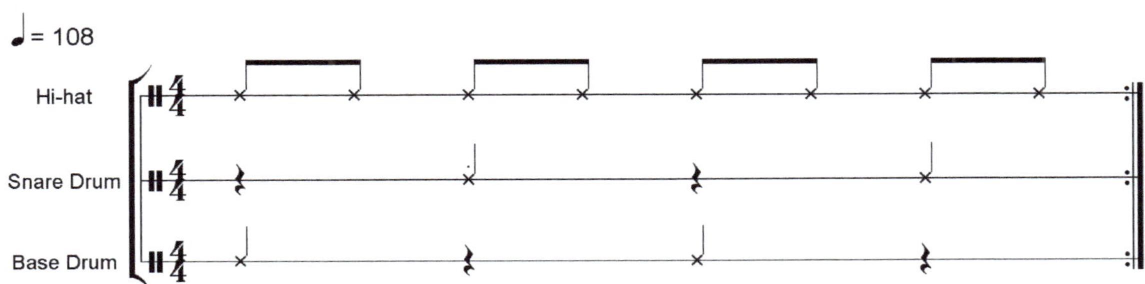

FESTE FEIERN IN DER SCHULE
Singen & spielen in Klasse und Chor – Bestell-Nr. 16 111
KOHL VERLAG

➔ Lyrics

Last Christmas

E 1./2. Last Christmas, I gave you my heart
but the very next day, you gave it away.
This year to save me from tears
I'll give it to someone special
instrumental

3. Once bitten and twice shy,
I keep my distance but you still catch my eye.
Tell me baby, do you recognize me?
Well, it's been a year, it doesn‘t surprise me.

4. Happy Christmas, I wrapped it up and sent it.
With a note saying „I love you,“ I meant it.
Now I know what a fool I've been.
But if you kissed me now, I know you'd fool me again.

5./6. Last Christmas, I gave you my heart
but the very next day, you gave it away (you gave it away).
This year - to save me from tears
I'll give it to someone special (special)

Oh, oh, oh, baby + instrumental

7. A crowded room, friends with tired eyes,
I'm hiding from you and your soul of ice.
My God, I thought you were someone to rely on.
Me? I guess I was a shoulder to cry on

8. A face on a lover with a fire in his heart,
a man under cover but you tore me apart.
Ooh, ooh, now I‘ve found a real love,
you'll never fool me again

⇨ dann Wdhlg, 5./6., dann

A face on a lover with a fire in his heart (I gave you mine)
A man under cover, but you tore me apart.

I gave it to someone, I gave it to someone special.

3.1 Merry Christmas

➔ zum Song *„Merry Christmas"*

Der Song „Merry Christmas" ist ein Weihnachtslied der britischen Singer-Songwriter Ed Sheeran und Elton John. Er wurde am 3. Dezember 2021 veröffentlicht.
Das notierte Arrangement orientiert sich an dem Video, das abgelegt ist unter *https://www.youtube.com/watch?v=Q_yuO8UNGmY* .

➔ zur Umsetzung

Arrangement *(S. 46-48)*

Das wie o.a. am Original orientierte, ausführliche Arrangement gibt den Stimmenverlauf mit Text, Wiederholungen und Begleitstimmen wieder.

Stimme / Melodie / Text *(S. 49)*

Die Notation ist die Vorlage für den Klassen-, Chor- und/oder Solo-Gesang.
Sie kann so zum Original oder zur Live-Umsetzung vorgelegt werden.

Begleitung: Stabspiele / Tasteninstrumente / Strings / Rhythmus *(S. 50)*

Die Begleitung kann mit den angegebenen Instrumenten oder individuell gestaltet werden.

Rhythmus (108 bpm):

Hi-hat o.a.	durchgeschlagene Achtel
Snare drum o.a.	auf den Zählzeiten 2 und 4
Base drum o.a.	auf den Zählzeiten 1 und 3

Bass / Boomwhacker *(S. 51)*

Bass: Bass-Xylophon, tiefes Piano oder Keyboard
Boomwhacker: ad lib.

Lyrics *(S. 52)*

Der Text orientiert sich am Original und der Notationsvorlage auf Seite 49.

FESTE FEIERN IN DER SCHULE – Singen & spielen in Klasse und Chor – Bestell-Nr. 16 111
KOHL VERLAG Lernen mit Erfolg

➔ Arrangement (Partitur)

Merry Christmas

Weihnachtslied - Pop

Musik: Ed Sheeran/Elton John (2021)
Text: Ed Sheeran
Arrangement; Jürgen Tille-Koch

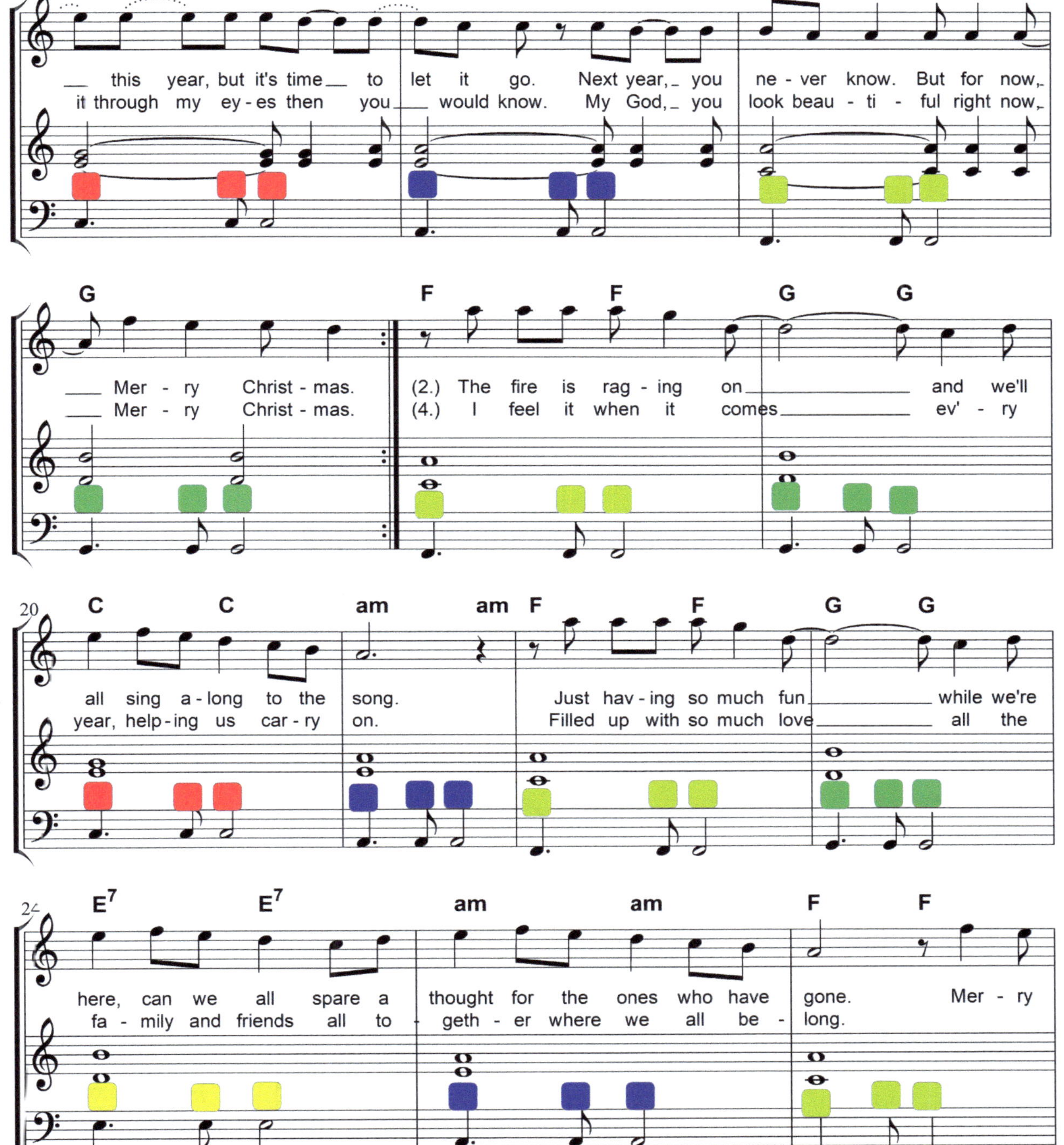

FESTE FEIERN IN DER SCHULE
Singen & spielen in Klasse und Chor – Bestell-Nr. 16 111
KOHL VERLAG Lernen mit Erfolg

3 Weihnachten

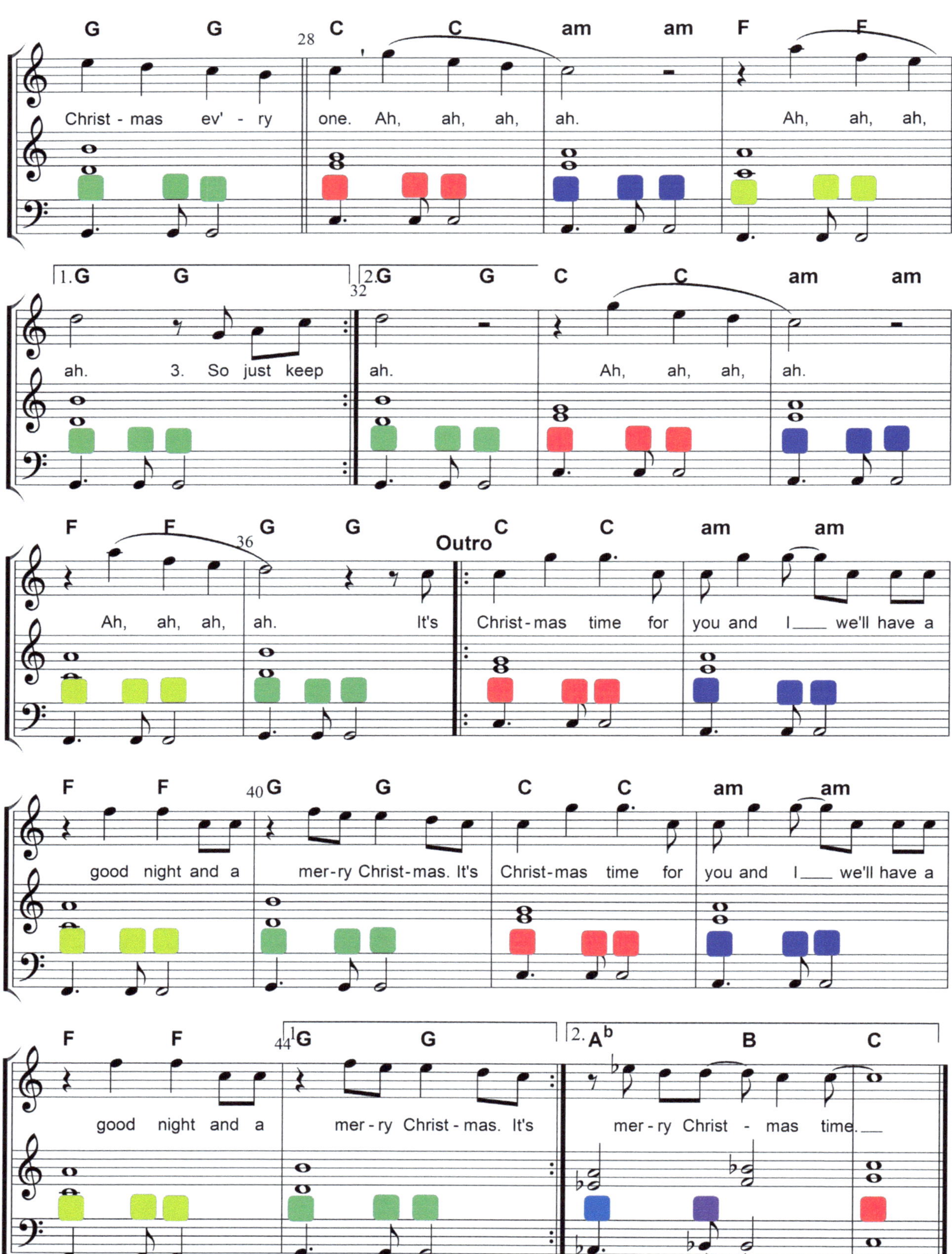

➔ Melodie / Text

➔ Begleitung

Stabsp. / Tasten / Strings

Merry Christmas

Weihnachtslied - Pop

Musik: Ed Sheeran/Elton John (2021)
Text: Ed Sheeran
Arrangement; Jürgen Tille-Koch

Intro freies Tempo

C am F 4 dm7 C ♩= 120 C C

am am 8 F F G G **Strophen** C C am am

12 F F G G C C am am 16 F F

G G F G 20 C am F G 24 E7 am F

G **Outro** 28 C am F 1. G 2. 32 G C am F 36 G

C am F 40 G C am F 1. 44 G 2. Ab B C

➔ Rhythmus

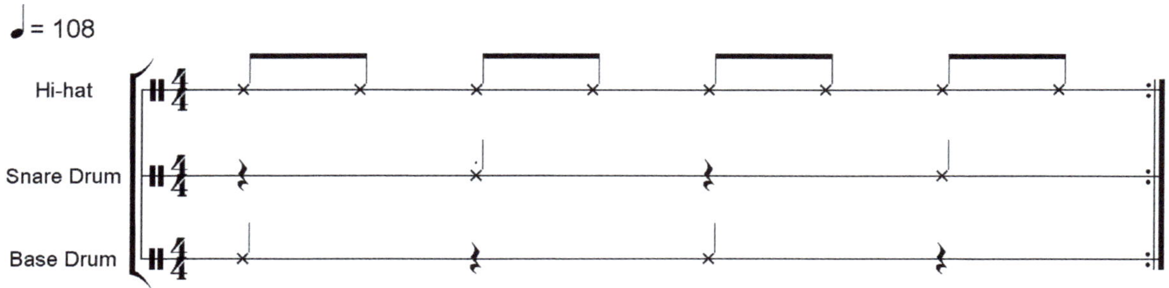

➔ Bass / Boomwhacker

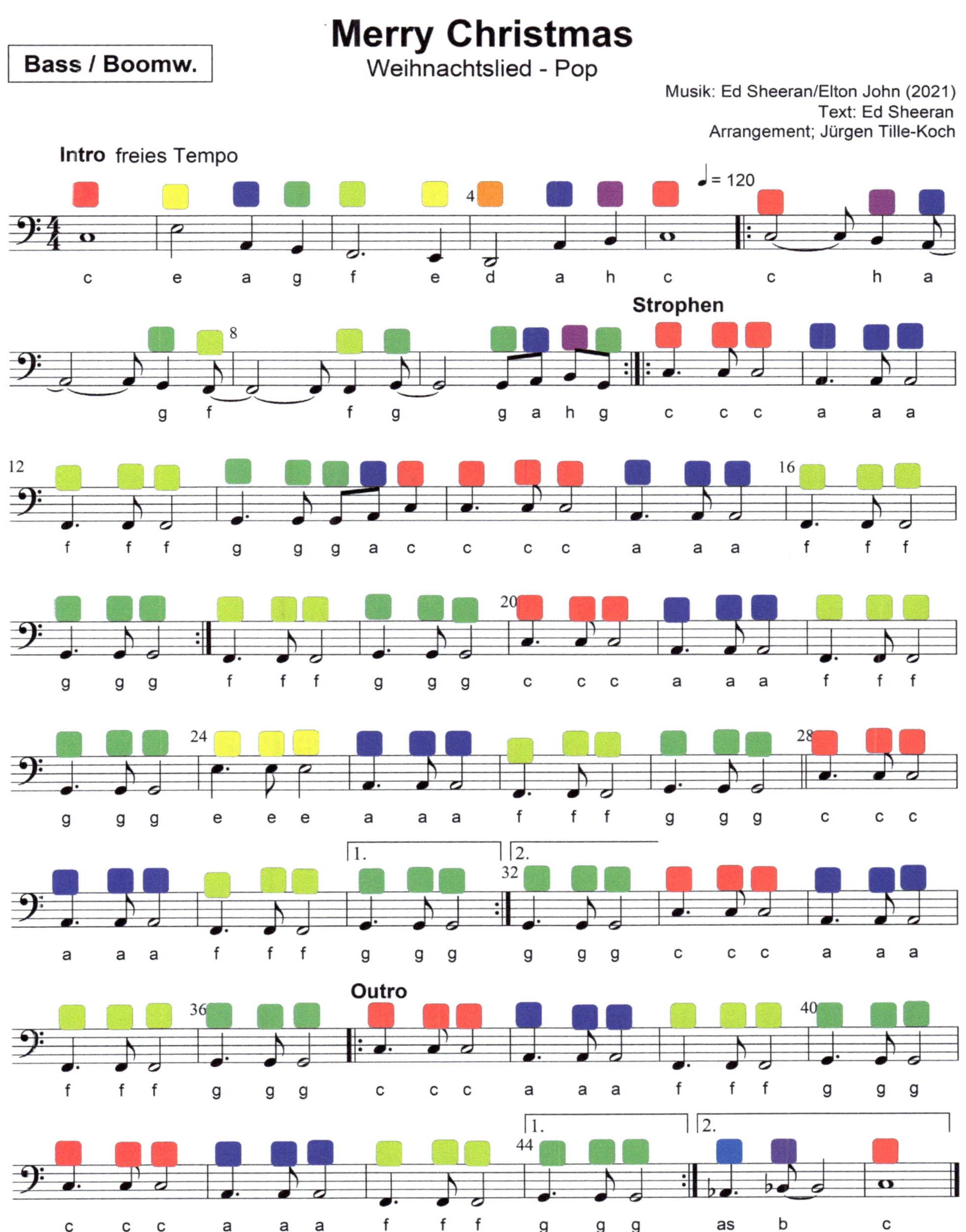

FESTE FEIERN IN DER SCHULE
Singen & spielen in Klasse und Chor – Bestell-Nr. 16 111
KOHL VERLAG

➔ Lyrics

Merry Christmas

Intro

Build a fire and gather ,round the tree.
Fill a glass and maybe come and sing with me.

instrumental

1. So kiss me under the mistletoe,
   pour out the wine, let‘s toast and pray for December snow.
   I know there‘s been pain this year, but it‘s time to let it go.
   Next year, you never know. But for now, Merry Christmas.

2. Dance in the kitchen while embers glow.
   We‘ve both known love, but this love we got is the best of all.
   I wish you could see it through my eyes then you would know.
   My God, you look beautiful right now. Merry Christmas.

> The fire is raging on and we‘ll all sing along to the song.
> Just having so much fun while we‘re here, can we all spare a thought
> for the ones who have gone. Merry Christmas, everyone.

Ah. ah, ah, ah. Ah, ah, ah, ah.

3. So just keep kissing under the … *(weiter wie 1)*.

4. We‘ll dance in the … *(weiter wie 2)*.

> I feel it when it comes every year, helping us carry on.
> Filled up with so much love all the family and friends all together
> where we all belong. Merry Christmas everyone.

Ah. ah, ah, ah. Ah, ah, ah, ah.
Ah. ah, ah, ah. Ah, ah, ah, ah.

Outro

It‘s Christmas time for you and I we‘ll have a good night and a merry Christmas.
It‘s Christmas time for you and I we‘ll have a good night and a merry Christmas.
It‘s Christmas time for you and I we‘ll have a good night and a merry Christmas.
It‘s Christmas time for you and I we‘ll have a good night and a merry Christmas time.

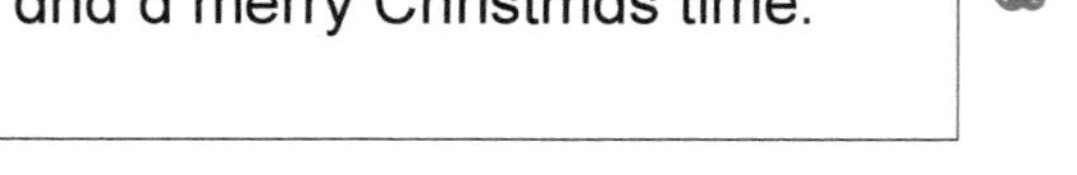